mité de Conciliation Internationale

ÊTRE UTILE

DISCOURS

prononcé le 29 Juillet 1904, au Trocadéro, à Paris

pour la Distribution des Prix

du Lycée JANSON DE SAILLY

par

M. d'Estournelles de Constant

Député de la Sarthe

Président

LA FLÈCHE

IMPRIMERIE CHARIER-BEULAY

1904

Comité de Conciliation Internationale

———— ✕ ————

ÊTRE UTILE

DISCOURS

prononcé le 29 Juillet 1904, au Trocadéro, à Paris

pour la Distribution des Prix

du Lycée JANSON DE SAILLY

par

M. d'Estournelles de Constant

Député de la Sarthe

Président

———— ✍ ————

LA FLÈCHE

IMPRIMERIE CHARIER-BEULAY

—

1904

ÊTRE UTILE

Jeunes Elèves,

Vous venez d'applaudir une forte et noble parole ; elle résume l'enseignement que vous recevez tous les jours et qui fait tant d'honneur à vos maîtres, à notre Université de France. Mais c'est quelque chose de plus encore qu'une parole française, c'est une parole humaine ;... on aura beau faire, on ne mettra pas en contradiction ce qui est inséparable des mots et des idées qui se complètent, la France et l'Humanité.

Je voudrais me borner à joindre mes applaudissements aux vôtres pour vous laisser intacte toute votre impression. Mais les convenances m'obligent à vous adresser la parole. Ne suis-je pas votre président ?

Votre Président ! Vous ne comprenez pas, jeunes élèves, quel est mon étonnement de me voir sur cette estrade, investi d'une telle fonction. Qui l'eût jamais prédit ? Car c'est une haute récompense que de présider une distribution de prix; c'est un honneur qu'on n'accorde, semble-t-il, qu'aux meilleurs élèves de la vie, aux lauréats des lauréats ; c'est un grand prix que l'on me donne ; à moi ? A moi qui n'ai jamais eu un seul prix !

Vous riez ! Je n'exagère pas. Je n'ai jamais eu un seul prix pendant mes huit ou dix années de lycée. Je n'étais pourtant pas si détestable; j'avais même très bien débuté, en huitième, externe, au mois d'octobre, il y a longtemps..; et cela dura jusqu'à Pâques. Mais le mois d'avril m'a perdu. J'avais alors à traverser le grand jardin du Luxembourg pour me rendre au lycée Louis-le-Grand. En hiver, je me dépêchais, j'étais très exact. Mais quand vint le printemps, la pépinière était si belle, les fleurs si nouvelles, la nature si hospitalière et si gaie que je commençai à flâner en route. Pour comble de malheur, sur mon chemin, plusieurs fois par semaine, un régiment achevait, précisément à l'heure du lycée, ses manœuvres dans le jardin, et, à huit heures, musique en tête, se mettait en marche pour regagner sa caserne. La tentation était trop forte, la musique trop entraînante; j'emboîtais le pas, je suivais... Je me voyais déjà sous l'uniforme, marchant à des expéditions généreuses, étincelant sous l'acier, le cuivre, la gloire...

Ainsi, la véritable école de mes débuts fut l'école buissonnière. Le pli une fois pris, même interne, je ne sus pas me corriger ; je restai docilement d'année en année, en classe, en cour, mais mon imagination était ailleurs; j'espérais déjà des choses impossibles sans doute; j'espérais...

Mais, en attendant, le temps passait et, quand j'eus

vingt ans, je constatai que j'avais perdu toute la première partie de ma vie... Sombre découverte que je ne souhaite à aucun d'entre vous !

Ne gaspillez pas, mes amis, le temps de vos études; c'est autant de travail que vous vous imposez pour l'avenir, autant de forces qui vous manquent au moment d'agir !

J'ai compris cela mais bien tard, et alors j'ai travaillé, travaillé dix fois plus qu'il n'aurait fallu si j'avais su m'y prendre à temps. J'ai travaillé, je travaille encore pour rattraper tant bien que mal le temps perdu.

Et tenez ; maintenant je comprends pourquoi je reçois enfin une récompense si tardive ! C'est parce que je ne me suis pas découragé ; c'est un prix de persévérance que l'on me décerne, pour vous apprendre qu'il ne faut jamais désespérer de rien et que, dans le palmarès final de la vie, il y a plus de place pour un mauvais élève qui se repent que pour mille justes.

Profitez, mes chers amis, de cette double leçon pour ne pas gaspiller votre vie, d'abord, et si, malgré tout, vous échouez, pour ne pas vous décourager.

Non, ne vous découragez jamais. Aussi longtemps qu'il subsiste en nous une étincelle de vie, il reste une ressource, une espérance. La véritable cause de nos échecs est notre volonté défaillante bien plus que les circonstances adverses.

Il n'y a pas d'erreur ni de faute irrémédiable ; avec du courage, on se rattrape toujours, on arrive toujours quand on veut.

On arrive à quoi? Peu m'importe.. Ne me demandez pas d'indiquer à chacun de vous le choix d'une carrière. Ce n'est pas moi qui vous dirai: sois ceci, sois cela, sois fonctionnaire, sois sous-préfet. Combien d'hommes faits et même surfaits, qui n'ont jamais été fixés eux-mêmes sur leurs propres aptitudes, exigent des jeunes gens qu'ils aient, avant leur sortie du collège, un parti pris, une vocation !

Non, le secret du succès c'est d'être prêt à tout accepter, à tout faire pour être utile.

Etre utile, voilà le grand point, voilà la meilleure, la plus sûre de toutes les carrières, celle qui vous ménagera le moins de déception.

Soyez utiles sans fausse honte, malgré l'ironie, le bel esprit ou la sottise des sceptiques; soyez utiles à fond, jusqu'au ridicule. Vous aurez des moments pénibles à traverser, mais quelle revanche, quelles récompenses vous attendront par la suite.

L'égoïste est très élégant, très mondain, et, en apparence, très heureux. En réalité, c'est le plus misérable des êtres. Il est fatalement isolé, faible, mécontent et devient méchant. La société s'en amuse un jour, puis l'oublie; il se place lui-même, comme un parasite, en dehors de cette solidarité dont on vous parlait et qu'il répudie et qui s'organise à côté de lui, sans lui, contre lui.

Quelle joie, au contraire, pour l'homme utile, de

sentir que jusqu'à son dernier jour, et même au delà, il reste une source de vie; oui, quelle satisfaction de conscience de voir de son vivant tout ce qui restera de lui, les êtres, les services, les œuvres, tandis que l'égoïste se désespère à la pensée de tout ce qui va lui échapper.

Croyez-moi, l'égoïsme est une bêtise, cela finit mal. Arrangez-vous pour être délibérément utiles aux autres; laissez-vous traiter de jobards, d'imbéciles, voire même d'idéalistes, et vous verrez qu'au bout du compte c'est vous qui aurez été les plus malins. Soyez utiles jusqu'à la manie, jusqu'à l'héroïsme; vous ne le serez jamais trop.

Oui, jusqu'à l'héroïsme. On vous disait tout à l'heure que vous ne pouviez pas tous être des héros.

Pourquoi pas ?

Soyez tous des héros, au contraire ! Non pas des héros glorieux, cela s'entend. Des héros glorieux ne sont déjà plus des héros ; ils ont leur récompense officielle, leur prix d'honneur. Le véritable héros est celui qu'on ignore, et celui-là, en France surtout, il est légion. C'est l'inventeur, le précurseur, l'artiste, le savant qui travaille pour les autres; c'est le cultivateur, l'ouvrier, l'humble collaborateur d'une grande œuvre, celui qui suit son idée et ne la sacrifie pas aux caprices ou à l'ignorance du beau monde. Celui-là seul est sûr d'avoir un jour et malgré tout sa récompense, car elle ne dépend de personne, elle est en lui. Il se dit : j'ai été utile, et il est content.

En réalité, l'héroïsme n'est pas si rare ; il est partout, quand on y pense. N'en trouvez-vous pas tous les jours à votre foyer, chez vos mères, chez vos sœurs ? et leur tendre sollicitude, le don d'elles-mêmes, le continuel sacrifice qu'elles vous prodiguent, n'est-ce pas le plus touchant, le plus utile des héroïsmes, l'héroïsme de tous les instants ?

Ah ! mes amis, je vais vous décerner des prix, mais n'en soyez fiers qu'à moitié ; vous les recevrez, c'est très bien, mais vos mères les ont bien gagnés; elles n'en seront que plus heureuses ! Vous voyez donc que j'ai raison.

Être utile ! voilà la carrière, la vocation, le fin du fin, le comble de l'habileté, le plus sûr moyen d'arriver et d'être heureux.

Et voyez comme tout s'enchaîne, tout se tient. Une fois entrés dans l'engrenage, vos aptitudes et vos moyens se développeront ; votre vocation s'élargira, se multipliera, se propagera ; vous serez utiles aux vôtres, à vos amis, puis peu à peu vous serez utiles à votre pays, et, plus encore, par vous la France sera utile aux autres peuples.

Cela est ainsi.

La France est une région privilégiée; tous les climats, toutes les productions, toutes les races sont venus s'y rencontrer, y aboutir; une sélection s'y est faite ainsi lentement ; on dirait que toutes les races, en se fondant, se sont affinées sur son sol.

Et c'est pourquoi les autres nations nous regardent et nous écoutent ; elles retrouvent quelque chose d'elles-mêmes en nous ; mais c'est aussi pourquoi

nous devons répondre à leur attente, les faire parti-
ciper aux expériences que nous avons faites, les
prévenir, les appeler, les aider, enfin leur être utiles,
quand nous le pouvons.

Ah ! le triste rôle que réservent à notre pays les
esprits chagrins, qui le voient sans cesse entouré
d'ennemis et qui s'imaginent que la France ne vain-
cra les défiances de ses voisins que par une défiance
plus grande ; ah ! le pitoyable avenir pour la France,
pour l'Europe que toutes ces surenchères d'hostilités.
Et quelle méconnaissance de nos ressources les
plus précieuses ! Quel arrêt dans notre développe-
ment ! Quelle ignorance de notre raison d'être.

La France fermée, maussade, hostile, ce n'est
plus la France ; non, la France doit être ouverte,
généreuse, pacifique.

Pacifique : voilà le grand mot, encore si mal
compris ! Mais peu importe, soyons utiles jusqu'au
ridicule ; et ne nous préoccupons pas du qu'en dira-
t-on ?

La France pacifique, ce n'est pas la France désar-
mée, abaissée, résignée, oublieuse ; non, c'est la
France sûre d'elle-même, confiante dans l'avenir,
sachant attendre, dans le travail et le progrès, les
réparations que jamais la guerre ne donnera, car la
guerre est toujours à recommencer. La France
déclarant la Paix au monde, selon la parole prophé-
tique de Michelet, c'est la France appelant les
peuples à mieux comprendre leur devoir et leur
intérêt ; c'est la France utile par son exemple, par

son accueil, par ses enseignements, par le rayonnement de son influence et de ses dons.

Voilà la vraie victoire, le vrai courage, la vraie mission.

Et qu'on ne me dise pas qu'il y a danger d'affaiblir notre pays en lui découvrant cette mission ! Au contraire. Personne ne le menace ; on le menacera d'autant moins que sa population deviendra plus laborieuse, plus éclairée, plus libre et par conséquent plus apte à se bien défendre.

Qu'on ne me dise pas que nous sommes des Français au *type flasque*. L'expression est de mon illustre ami, M. Roosevelt, mais à qui s'applique-t'elle ? à une certaine catégorie d'émigrants, chercheurs d'or ou d'argent, dont le patriotisme encore incertain hésite entre le pays lointain qu'ils viennent de quitter en Europe et le pays nouveau où ils cherchent à s'établir. Comment songer à appliquer une telle expression à des Européens et surtout à nous, à des Français, incorrigibles impulsifs, coureurs d'aventures, de croisades, d'amour, de gloire, de chimères ?...

Appelez-nous plutôt des Don Quichotte, si vous tenez à dépasser la mesure, car nous luttons contre l'esprit de brutalité et d'oppression, Don Quichotte de l'idéal et du sentiment, Don Quichotte de la Paix, plus vaillants et plus désintéressés, après tout, que ces fiers à bras d'un soi-disant patriotisme qui ne dressent vers l'idéal que leurs moustaches, flamberges inoffensives, hameçons savamment tendus

pour accrocher les héritages et les dots et non pas
les ailes de moulins à vent.

La France pacifique ? Est-ce un rêve ? Non, c'est
déjà la réalité. La France pacifique dans l'Europe
unie, tel est l'avenir, l'avenir prochain.

Mais comment s'y prendre pour l'atteindre ?

Que faire ? C'est ici que vos jeunes activités pro-
testent et réclament à bon droit autre chose que de
vagues déclamations. Aspirer à la Paix, ce fut l'œuvre admirable des précurseurs ; ce n'est pas votre
fait ni le mien ! Organiser la paix, voilà l'œuvre
utile, actuelle.

Vous allez entrer dans la vie ! Vous ne voulez pas
vous morfondre à attendre l'heure dérisoire du bon-
heur parfait et de la paix universelle. Vous voulez
des commencements de réalités; comment les conqué-
rir ? On vient de vous le dire en partie.

La science rapproche les hommes.

La philosophie considère ce rapprochement comme
un progrès de la raison.

Mais ce n'est pas tout.

L'action vous reste. Elle vous incombe.

A vous, jeunes gens, jeunes hommes bientôt, à
vous le devoir de faire passer dans les mœurs, avec
toutes ses conséquences positives et matérielles, la
vérité qui se découvre

Vous apprenez la géographie, une géographie nouvelle, vivante, qui explique tout et que vos aînés ne soupçonnaient guère ; vous apprenez les langues étrangères, et j'espère que vous les apprenez pour de bon, pour les parler et les entendre et non pour les lire seulement. Ces connaissances nouvelles doivent vous transformer, vous donner des curiosités, des notions et des ambitions nouvelles. Sinon vos études ne seraient que de fastidieux exercices de mémoire.

En surprenant la vie des autres peuples que nous ignorions de mon temps, vous ferez cette découverte qui bouleverse toutes les idées et toute la politique contemporaine, c'est qu'il y a partout des braves gens. La bonté n'est pas le monopole d'un peuple. Le bien ou le mal sont partout où se trouvent des hommes. Cela une fois constaté et incontesté, vous serez bien obligés de reconnaître que le progrès ne saurait rapprocher les peuples et les laisser en même temps aux prises avec leurs antagonismes traditionnels ; le bon sens n'admet pas qu'ils se rapprochent pour continuer à se fuir et à se haïr ; il faut donc qu'ils se hâtent d'apprendre à vivre ensemble, à se connaître, à s'entr'aider, à s'aimer. Sinon c'est le chaos ; et le progrès nous conduirait à l'anarchie.

Votre œuvre, jeunes gens, sera d'organiser dans un ordre harmonieux et fécond les peuples rapprochés ; vous concilierez par des concessions mutuelles les antagonismes qui semblent inconciliables.

Notre siècle sera le siècle de l'association. Déjà les individus, de moins en moins isolés, entrent en relations et se soutiennent les uns les autres pour s'assurer plus d indépendance, plus de force, plus de connaissances, plus de bien-être.

Il doit en être de même, il en sera de même des peuples. La loi du progrès ne connaît pas les subtiles distinctions de l'égoïsme et de la routine.

Les individus associés ; les peuples unis : voilà l'avenir.

Vous ne verrez plus opposer l'internationalisme au patriotisme. On sourira bientôt d'une telle erreur : une patrie fermée ne sera qu'une patrie ruinée, une enclave, un corps étranger condamné à se dissoudre et à disparaître sous la poussée des autres peuples dans l'irrésistible courant du progrès.

Comprenez cela le plus tôt possible et faites-le comprendre autour de vous, sans vous laisser arrêter par l'ignorance et les préventions plus ou moins intéressées. Vous avez une profonde lacune à combler. Le progrès matériel a été rapide, il nous a surpris ; le progrès moral a marché bien plus lentement. Aucune concordance n'a existé entre leurs deux mouvements. Nous avons profité du progrès matériel pour nous enrichir plus que pour nous améliorer. Rattrapez, vous aussi, le temps perdu ! Créez-nous une patrie modèle, contribuez à faire, avec votre propre éducation, celle de l'esprit public ; et alors, sans vous en douter, vous ferez du même coup de l'excellente politique ; vous agirez sur les gouvernements, serviteurs de l'opinion, et les gouvernements consacreront par leurs lois et par leurs traités les principes que vous aurez propagés, l'organisation nouvelle que vous aurez rendue inévitable.

Telle est votre carrière, Messieurs, tel est votre but. Ne vous effrayez pas de son étendue.

Pour y arriver, commencez seulement par vous rendre utiles ; le reste ira tout seul ; soyez utiles aux autres d'abord, utiles à vous même par surcroît, utiles à tout ce qui vous entoure, parents, amis, inconnus, étrangers ; vous serez ainsi satisfaits de vous même ; vous serez en outre de bons citoyens, de bons patriotes, et les meilleurs des patriotes, puisque vous augmenterez les ressources de la France, le nombre de ses amis et de ses clients. Du petit au grand, et pour votre plus grande joie, vous aurez rendu finalement d'immenses services ; vous contribuerez pour votre part à nous faire une France plus grande, plus riche, plus forte, plus respectée, dans une humanité plus heureuse.